U0873389

区域协调发展与粮食安全

——以黄河流域为例

张　益　杨荣超　魏同洋　著

中国农业出版社
北　京

图书在版编目（CIP）数据

区域协调发展与粮食安全 ：以黄河流域为例 / 张益，杨荣超，魏同洋著. -- 北京 ：中国农业出版社，2024. 11. -- ISBN 978-7-109-32786-3

Ⅰ. F127.2；F326.11

中国国家版本馆 CIP 数据核字第 2024HQ6385 号

区域协调发展与粮食安全

QUYU XIETIAO FAZHAN YU LIANGSHI ANQUAN

中国农业出版社出版

地址：北京市朝阳区麦子店街 18 号楼

邮编：100125

责任编辑：赵　刚

版式设计：王　晨　　责任校对：吴丽婷

印刷：北京印刷集团有限责任公司

版次：2024 年 11 月第 1 版

印次：2024 年 11 月北京第 1 次印刷

发行：新华书店北京发行所

开本：880mm×1230mm　1/32

印张：1.75

字数：35 千字

定价：28.00 元

版权所有・侵权必究

凡购买本社图书，如有印装质量问题，我社负责调换。

服务电话：010 - 59195115　010 - 59194918

前　言

当前正处于以中国式现代化全面推进强国建设、民族复兴伟业的关键时期，我国经济已由高速增长阶段转向高质量发展阶段，社会主要矛盾已经转化为人民日益增长的美好生活需要和不平衡不充分的发展之间的矛盾。2024年7月，党的二十届三中全会再次强调，高质量发展是全面建设社会主义现代化国家的首要任务。然而，应注意到，尽管高质量发展已取得显著成效，区域发展不平衡、农村发展不充分、粮食供需紧平衡和农业基础不稳固等问题仍集中体现。

全方位夯实粮食安全根基和深入实施区域协调发展战略是有效解决上述问题的重要抓手。“粮食安全是‘国之大者’”，是稳固农业基础的根本保障。“区域协调发展是实现共同富裕的必然要求”，是缩小城乡发展差距的重要手段。

如何协调推进粮食安全战略和区域发展协调战略，对确保国家粮食安全、促进区域协调发展等具有重要的现实意义。因此，本书将以黄河流域为例，对区域协调发展与粮食安全的关系进行探讨。

本书共包括六个章节。第1章是引言，概述研究背景、对象和意义；第2章是文献综述，回顾了关于黄河流域区域协调发展和粮食安全的文献并作出文献述评；第3章是黄河流域区域协调发展影响粮食安全的传导机制；第4章是黄河流域区域发展现状与粮食安全情况；第5章是黄河流域区域协调发展影响粮食生产存在的问题；第6章是促进黄河流域区域协调发展和粮食生产的建议。

本书的初衷在于关注和强调区域协调发展和粮食安全的关系等问题，希望本书能起到抛砖引玉的作用，引发大家的进一步思考，共同为全面推进乡村振兴、加快建设农业强国和推动中国式现代化贡献一份力量。由于作者学识、能力有限，本书难免出现疏漏和不足之处，诚恳地期望大家批评指正。

在本书出版之际，衷心感谢中国农业科学院农业信息研究所中央级公益性科研院所基本科研业务费（JBYW-AII-2024-45）的支持，感谢研究室徐磊主任的指导和中国农业出版社编辑老师的辛勤工作。

张　益

2024年10月

目　录

第1章 引　言

1.1 研究背景

粮食安全是“国之大者”。党的十八大以来，党和国家始终坚持把粮食安全视为治国理政的头等大事，我国粮食生产稳步发展，市场供应充足，运行总体平稳，防范化解重大风险挑战能力不断增强，粮食安全保障水平显著提升（郑栅洁，2023）。然而，也必须看到，粮食供需紧平衡、结构性矛盾突出和国际粮食市场形势复杂等问题仍然存在。因此，确保粮食安全这根弦始终要绷紧，须臾不可放松。

当前正处于以中国式现代化全面推进强国建设、民族复兴伟业的关键时期，我国经济已由高速增长阶段转向高质量发展阶段，社会主要矛盾已经转化为人民日益增长的美好生活需要和不平衡不充分的发展之间的矛盾。尽管高质量发展已取得显著成效（刘华军和田震，2023），区域发展协调性不断增强，但是区域发展不平衡、农村发展不充分和农业基础不稳固等问题仍是社会主要矛盾的集中体现。因此，推进区域协调发展向更高水平迈进，应当持续发力。

全方位夯实粮食安全根基和深入实施区域协调发展战略是正确把握上述矛盾的重要抓手。“粮食安全是‘国之大者’”，是稳固农业基础的根本保障。2012—2024年中央1号文件连续13年对确保粮食安全作出重要部署，充分体现党和国家对于粮食安全的高度重视。“区域协调发展是实现共同富裕的必然要求”，是缩小城乡发展差距的重要手段。自2015年以来，中共中央、国务院接连印发了《京津冀协同发展规划纲要》《长江经济带发展规划纲要》《长江三角洲区域一体化发展规划纲要》《粤港澳大湾区发展规划纲要》《成渝地区双城经济圈建设规划纲要》《黄河流域生态保护和高质量发展规划纲要》等一系列规划纲要，充分体现党和国家高度重视区域协调发展工作，持续健全区域协调发展的理念、战略和政策体系。

然而，一方面，粮食在一定程度上具有公共产品属性，假如地方政府在粮食生产中采取“搭便车”等机会主义行为，则可将土地、劳动力、资本等资源配置在其他方面（胡靖，2000），促进地方经济发展；另一方面，粮食生产比较收益较低，对地方财政贡献较小，经济绩效较弱，导致粮食主产区往往面临“产粮多、经济弱、财政穷”的困境，经济社会发展受到影响（杨义武和林万龙，2024）。既要确保粮食安全，也要促进区域协调发展，探究如何协同推进区域协调发展与粮食安全是十分必要的。

那么，当前区域协调发展水平和粮食安全的情况究竟如何？针对这一问题，本研究拟以黄河流域为例，从理论上探讨黄河流域区域发展水平和粮食安全现状，并就当前区域发展和粮食生产中存在的关键问题，提出建议，以期更好地确保粮食安全和促进区域协调发展。

1.2　研究对象

本书之所以选择黄河流域为具体研究对象，主要有以下三个方面的考虑。一是党和国家高度重视黄河流域发展。自党的十八大以来，习近平总书记多次实地考察黄河流域生态保护和经济社会发展情况并作出重要指示批示，充分体现了党和国家对黄河流域工作的高度重视。二是黄河流域生态保护和高质量发展战略是国家六大区域战略之一。黄河流经 9 个省（区），全长 5 464 千米，是我国第二大河。黄河流域省份 2023 年底总人口 4.19 亿，占全国的 29.7%；地区生产总值 31.64 万亿元，占全国的 25.1%，在全国经济社会发展中占有十分重要的地位。三是黄河流域是我国重要粮食基地。黄河流域的黄淮海平原、汾渭平原、河套平原为粮食主产区，特别是河南省、山东省、四川省、内蒙古自治区，均为我国粮食主产省，在确保国家粮食安全中具有举足轻重的作用。

1.3 研究意义

在理论研究层面，本研究有助于深化有关区域协调发展和粮食安全关系的已有讨论，弥补现有文献对区域协调发展和粮食安全协调发展研究不足的缺陷。在现实意义层面，本研究有利于加深对协同推进粮食安全战略和区域协调发展战略的认识，为破解农业基础不稳固、区域发展不平衡等问题和推进高质量发展提供决策参考。

第 2 章　文献综述

区域协调发展和粮食安全均是广泛受到学术界关注的议题，根据研究的需要，本书将从黄河流域区域协调发展水平和黄河流域粮食安全两方面对既有文献进行梳理并作出文献述评。

2.1　黄河流域区域协调发展水平

党的二十大报告指出，“深入实施区域协调发展战略、区域重大战略、主体功能区战略、新型城镇化战略，优化重大生产力布局，构建优势互补、高质量发展的区域经济布局和国土空间体系。”区域协调发展是一个综合系统的概念，体现在区域经济发展差距持续缩小，区域互联互通水平提升，资源要素合理流动，人与自然和谐共生等多个方面，包含经济发展、公共服务、基础设施等多个维度（郭爱君，2024；侯泽华和梁双陆，2021）。围绕我国区域协调发展主题，学术界在以下几个方面进行了较为广泛的研究：一是对我国区域发展战略进行历史梳理，基本形成了改革开放前区域均衡发展、改革开放后区域非均衡发展、新世纪以来区域统筹发展、党的十八大以来区域协调发展的阶段划分（张志强和席强敏，2019；刘秉镰等，2020）；二是聚焦区域空间发展格局的研究，对我国东、中、西、东北“四大板块”以及“双重中心—外围”等发展格局进行测度与实证分析（郭芸等，2020；陆铭等，2023）；三是对区域协调发展的实证研究，分别从数据要素集聚、劳动力市场化、公共数据开放等角度研究我国区域高质量发展的策略与路径（苏婧等，2022；曹梦渊等，2023；方锦程等，2023）。

黄河流域区域协调发展是实现区域高质量发展的关键。学者们就黄河流域区域协调发展的现实困境和实现路径展开研究。在现实困境方面，彭荣胜（2010）指出，黄河流域经济开发的突出问题是开发缺乏整体性、开发轴线实力弱，发展不平衡、缺乏强大的经济增长核心区。郭爱君（2024）指出，黄河流域区域协调发展主要面临区域发展失衡状态仍存在、城市协同发展壁垒亟待打破、城乡融合发展堵点有待疏通、减污降碳协作发展水平尚需提升的问题。在实现路径方面，李梦程等（2021）在全面分析黄河流域城市空间联系的整体网络特征和网络“节点—关联线—网络群”的结构特征后，提出促进流域一体化发展是黄河流域协调发展的内在要求。王娟娟（2021）基于黄河流域的生态脆弱性和经济社会高质量发展的要求，认为以区域协调为目标打造能够实现双循环的产业链是黄河流域高质量融入新发展格局的重要支撑。任保平和邹起浩（2022）则指出，推进黄河流域高质量发展的空间治理就是要通过对流域内空间资源的控制、规划、干预和影响，调节流域内人口、经济、资源环境的空间均衡，实现黄河流域的持续、协调和稳定发展。郭爱君和朱瑜珂（2024）通过对黄河流域城市群功能分工指数的特征分析，发现城市群功能分工能够从提升要素资源的有效配置、推动区域空间格局重塑和探索区域合作治理新模式三个方面推进区域协调发展，并提出要继续以功能分工深化促进黄河流域城市群在错位分工中良性发展，以网络一体化为指引构建黄河流域区域高质量发展空间格局，以制度化、多层次的合作契约机制推进黄河流域区域协同发展的政策建议。

2.2　黄河流域粮食安全

党的二十大报告指出，要“全方位夯实粮食安全根基，牢牢守住十八亿亩耕地红线，确保中国人的饭碗牢牢端在自己手中”。粮食安全是国家安全的重要基础，学者们就粮食安全的影响因素、现实困境和实现路径展开研究。在影响因素方面，学者们聚焦于农业大灾保险（黄少安和唐琦，2024）、生产者补贴政策（刘威和郑雪丽，

2024）、高标准农田建设（Hao et al.，2024）、国家自然保护区建设（Chen，2022）等政策因素以及气候变化（陈帅，2016）、新冠疫情（陈志钢等，2020）、“一带一路”倡议（韩冬和李光泗，2020）等外部冲击对粮食安全的影响。在现实困境方面，学者们指出中国粮食安全目前面临耕地资源遭到破坏、水资源分配不均衡、环境污染突出、粮食全产业链损耗、国际社会不稳定因素增加等问题（司伟和陈哲，2023；韩晓和韩广富，2023；王晓君等，2020）。在实现路径方面，学者们则从适度调整品种布局、夯实国内粮食稳产保供基础、拓宽外部粮源供应体系等方面给出政策建议（蒋和平等，2020；朱晶等，2021；魏后凯等，2022）。

黄河流域是国家重要的粮食主产区和能源基地，粮食和肉类产量约占全国 1/3，且承担的粮食生产责任逐渐加重（李刚等，2024；法玉琦等，2024；牛玉国等，2023）。新中国成立 70 多年来，黄河流域粮食生产取得了巨大成就，具体表现在产量增加、品质提升、效益提高、条件改善和科技进步等多方面（黄国勤，2023）。学者们对黄河流域的粮食安全问题展开一系列研究。在影响因素方面，庞英和段耀（2012）根据黄河流域的县域数据，得出耕地利用集约度越高，粮食保障能力就越强的结论。方兰和李军（2019）研究发现黄河流域水土流失治理不仅可以保护一定的耕地面积，同时还可以有效提高耕地生产力，保障流域的粮食安全。畅倩等（2021）则从非农就业视角出发，研究得出非农就业会促使农户退出农业生产、降低农户复种次数、提升农户粮食作物种植比例，虽暂未导致农户种植结构“去粮化”，但易引发农户离农风险与农作物减产风险，不利于保障流域粮食安全。在现实困境方面，黄国勤（2023）指出，黄河流域粮食生产面临诸多突出问题，如耕地减少、水资源缺乏、劳动力不足和自然灾害严重等。李贤等（2024）还指出，目前黄河流域整体上仍然处于工业化与城镇化的中期阶段，人地矛盾、耕地非农化等问题日益凸显。总体来看，学者们普遍认为黄河流域水、能源、粮食资源要素空间分布不匹配，由此造成的粮食产量提升与生态环境脆弱间的平衡与协调是制约黄河流域粮食生产的主要因素（赵英等，2023；姚石等，2023）。为此，赵英等（2023）指出应该在流域内进行农业与生态的水资源优化配置，并提高水—粮食—生态协同优化提高水资源利用效率；钟钰和甘林针（2022）则指出，要加大保险支持力度，加大对新型经营主体的支持力度，鼓励发展农牧结合产业。姜珊等（2023）则从水资源、能源、粮食三者构成的体系出发，提出应该重视水资源在纽带关系中的核心作用，实现水资源支撑作用最大化；将能源作为区域高质量发展的战略性支柱产业，实现能源对经济社会发展带动作用最大化；强化农业用水支撑，实现粮食安全保障作用最大化。

2.3 文献述评

学术界围绕黄河流域区域协调发展和粮食安全两个重要概念分别做了规范和科学的分析，为本研究的开展奠定了坚实的研究基础。但客观来看，仍存在进一步拓展的空间。

第一，既往文献较少将黄河流域区域协调发展和粮食安全纳入统一分析框架，从理论层面探究其内在的逻辑关联。本研究将分析当前黄河流域区域协调发展和粮食安全的现状，厘清区域协调发展影响粮食安全的作用机制，最终构建区域协调发展推进粮食安全的理论分析框架。

第二，既往文献对黄河流域粮食安全的政策体系及其实施路径的深入考察不足。当前，有关黄河流域粮食安全的政策建议往往相对独立，缺乏对黄河流域粮食安全的整体考量和政策体系的全面研究，政策启示也缺乏系统性和创新性。本研究拟提出更有针对性的政策支持体系，以期为推动黄河流域粮食安全乃至最终构建中国粮食安全体系提供政策参考。

第3章　黄河流域区域协调发展影响粮食安全的传导机制

区域协调发展旨在解决区域发展不平衡、不充分的问题，在实施黄河流域区域协调发展战略的过程中，有利于促进资源优化配置、加强基础设施建设、保护区域生态平衡、推动产业转型升级等，对黄河流域粮食安全产生传导作用。本部分将从上述4个方面分析其传导机制。

3.1　优化资源配置

《黄河流域生态保护和高质量发展规划纲要》坚持因地制宜，构建"两区"格局。其中，"两区"之一即黄河流域中以黄淮海平原、汾渭平原、河套平原为主要载体的粮食主产区。从自然资源来看，黄淮海平原气候条件优越，雨热同期，适合小麦、玉米等粮食作物生长；土地较为肥沃，适合大规模机械化作业；农业基础设施较为完善，交通便利、社会化服务水平较高。汾渭平原水资源相对丰沛、气候温和，光照充足，适合小麦等作物的生长。

河套平原是因黄河泥沙沉积形成的河滩地，较为肥沃，适合种植稻谷、小麦等粮食作物。从政策配套来看，此区域为国家重点支持的粮食主产区，享受到了一系列的诸如农业补贴、科技推广等优惠政策。从劳动力资源来看，此区域包括河南省、山东省等人口大省，劳动力资源相对丰富，虽面临农业劳动力老龄化的问题，但粮食生产机械化水平高，农业生产受劳动力老龄化影响较小。综上所述，黄河流域区域发展通过更好地优化资源配置，划定粮食生产区使得农业生产要素如土地、水、劳动力和技术等能够实现更合理高效使用，从而整体影响粮食生产的效率和总量。

3.2 加强基础设施建设

《黄河流域生态保护和高质量发展规划纲要》强调加强基础设施互联互通，加快新型基础设施建设。其中，特别针对提升农业基础设施，转变传统农业发展方式，统筹水土保持与高效旱作农业发展，加强黄河流域农业科技创新作出部署。此外，还通过搭建“数字黄河”等平台推进数字信息等新型基础设施建设。

通过完善交通等跨区域重大基础设施体系促进黄河流域人力、物资、信息的流动。综上所述，水利灌溉、高效旱作、农业机械化、交通运输网络、数字信息平台等农业基础设施的完善可以显著提升粮食生产效率和抗风险能力，在增收的同时减少生产、储存和运输中的损耗，从而有效确保粮食安全。

3.3　推动产业转型升级

《黄河流域生态保护和高质量发展规划纲要》提出建设特色优势现代产业体系，明确要求进一步做优做强农业，巩固黄河流域对保障国家粮食安全的重要作用，稳定种植面积，提升粮食产量和品质。通过加快发展农产品加工业，探索建设农业生产联合体，因地制宜发展现代农业服务业。构建“田间—餐桌”“牧场—餐桌”农产品产销新模式，建立实时高效的农业产业链供应链，促进黄河流域农业产业转型升级。综上所述，通过农业产业链的提档升级，不仅有助于健全更加高效和可靠的粮食供应链，还能在面对自然灾害或粮食市场波动时，增强粮食供应链的韧性和应对能力，降低粮食短缺的风险，从而保障粮食安全。

3.4　保护区域生态平衡

《黄河流域生态保护和高质量发展规划纲要》提出在推进生态整治的同时，强化农业面源污染综合治理，建设生态宜居美丽乡村。黄河流域在以土地流转、完善新型农业经营体系等形式推进适度规模经营的前提下，推广减肥减药、节水灌溉等农业技术的应用，提升化肥、农药、饲料等投入品利用效率，健全禽畜粪污、农作物秸秆等农业废弃物综合利用和无害化处理体系。综上所述，通过区域生态治理，可以有效维持耕地地力，防止耕地退化，还可提升化肥农药等施用效率，减少污染，有利于农业可持续发展。这不仅有助于当前的粮食生产，也为确保未来粮食安全奠定了基础。

第 4 章　黄河流域区域发展现状与粮食安全情况

4.1　黄河流域区域发展现状

区域协调发展是一个综合性指标，包含经济发展、公共服务、基础设施等多个方面（侯泽华和梁双陆，2021）。在借鉴现有研究的基础上，本书分别从地区生产总值、夜间灯光数据、公共图书馆藏书量和公路里程密度 4 个方面，对黄河流域区域协调发展水平的现状进行描述和分析。

4.1.1　地区生产总值（地区 GDP）

地区生产总值（地区 GDP）是我国国民经济核算的核心指标，可以直观反映经济规模、经济增速、经济健康状况等。较高的地区 GDP 值意味着该地区的经济活动更为活跃，生产的产品和服务总量更多。此外，持续稳定的 GDP 增长通常被视为经济健康的标志，而 GDP 的下降或停滞则可能表明经济存在衰退或萧条等问题，因此选择地区生产总值反映黄河流域区域协调发展水平中的经济发展情况。

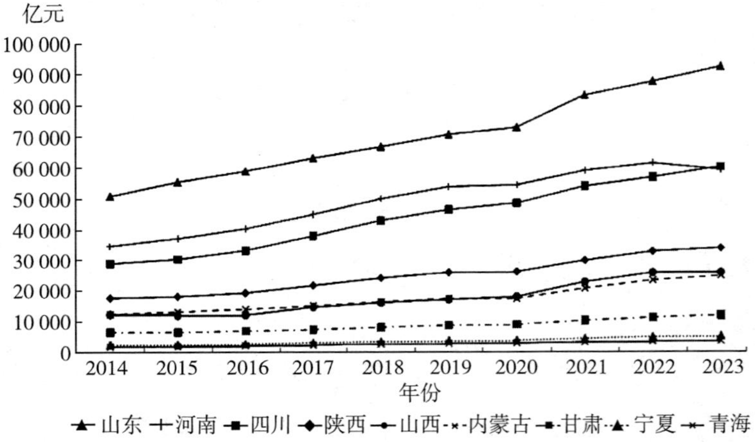

图 4－1　2014—2023 年黄河流域 9 省（区）地区生产总值走势

数据来源：国家统计局。

如图 4－1 所示，黄河流域 9 个省（区）的地区生产总值均呈稳步上升状态，经济发展持续增长，取得了显著成效。

如表 4－1 所示，在黄河流域 9 省（区）中，山东省经济发展水平领先。山东省的 GDP 在 2023 年首次突破 9 万亿大关，从 2014 年的 50 774.8 亿元增长到 2023 年的 92 068.7 亿元，年均增长率为 6.91％。从产业结构变化来看，第一产业比重逐渐下降，从 2014 年的 7.55％下降到 2023 年的 6.00％；第二产业比重在波动中有所下降，从 2014 年的 48.70％下降到 2023 年的 34.00％；第三产

表 4-1　2014—2023 年黄河流域 9 省（区）地区 GDP

单位：亿元

年份	山东	河南	四川	陕西	山西	内蒙古	甘肃	宁夏	青海
2014	50 774.8	34 574.8	28 891.3	17 402.5	12 094.7	12 158.2	6 518.4	2 473.9	1 847.7
2015	55 288.8	37 084.1	30 342.0	17 898.8	11 836.4	12 949.0	6 556.6	2 579.4	2 011.0
2016	58 762.5	40 249.3	33 138.5	19 045.8	11 946.4	13 789.3	6 907.9	2 781.4	2 258.2
2017	63 012.1	44 824.9	37 905.1	21 473.5	14 484.3	14 898.1	7 336.7	3 200.3	2 465.1
2018	66 648.9	49 935.9	42 902.1	23 941.9	15 958.1	16 140.8	8 104.1	3 510.2	2 748.0
2019	70 540.5	53 717.8	46 363.8	25 793.2	16 961.6	17 212.5	8 718.3	3 748.5	2 941.1
2020	72 798.2	54 259.4	48 501.6	26 014.1	17 835.6	17 258.0	8 979.7	3 956.3	3 009.8
2021	83 095.9	58 887.4	53 850.8	29 801.0	22 590.2	20 514.2	10 243.3	4 522.3	3 346.6
2022	87 435.1	61 345.1	56 749.8	32 772.7	25 642.6	23 158.7	11 201.6	5 069.6	3 610.1
2023	92 068.7	59 132.4	60 132.9	33 786.1	25 698.2	24 627.0	11 863.8	5 315.0	3 799.1
年均增长率（%）	6.91	6.55	8.58	7.91	8.29	8.11	7.09	8.67	8.33

数据来源：国家统计局。

业比重逐年上升，从 2014 年的 43.75%上升到 2023 年的 60.00%，显示出服务业的快速发展。

河南省 GDP 在黄河流域 9 省（区）中位居第 2 位。河南省的 GDP 从 2014 年的 34 574.8 亿元增长到 2023 年的 59 132.4 亿元，年均增长率为 6.55%。然而，2023 年出现了负增长，同比下降 3.61%。从产业结构变化来看：第一产业比重逐渐下降，从 2014 年的 9.73%下降到2023 年的 7.36%；第二产业比重在波动中下降，从 2014 年的 51.20%下降到 2023 年的 37.50%；第三产业比重逐年上升，从 2014 年的 41.07%上升到 2023 年的 49.19%，显示出服务业的快速发展。

四川省 GDP 在黄河流域 9 省（区）中位居第 3 位。四川省的 GDP 从 2014 年的 28 891.3 亿元增长到 2023 年的 60 132.9 亿元，年均增长率为 8.58%。从产业结构变化来看，第一产业比重逐渐下降，从 2014 年的 12.92%下降到 2023 年的 7.48%；第二产业比重在波动中有所下降，从 2014 年的 43.29%下降到 2023 年的 35.43%；第三产业比重逐年上升，从 2014 年的 43.79%上升到 2023 年的 57.09%，显示出服务业的快速发展。

陕西省 GDP 在黄河流域 9 省（区）中位居第 4 位。陕西省的 GDP 从 2014 年的 17 402.5 亿元增长到 2023 年的 33 786.1 亿元，年均增长率为 7.91%。从产业结构变化来看，第一产业比重逐渐下降，从 2014 年的 7.15%下降到 2023 年的 3.55%；第二产业比重在波动中有所下降，从 2014 年的 49.91%下降到 2023 年的 43.80%；第三产业比重逐年上升，从 2014 年的 42.94%上升到 2023 年的 52.65%，显示出服务业的快速发展。

山西省 GDP 在黄河流域 9 省（区）中位居第 5 位。山西省的 GDP 从 2014 年的 12 094.7 亿元增长到 2023 年的 25 698.18 亿元，年均增长率为 8.29%。尽管 2023 年增长较为缓慢，仅为 0.22%，但总体上保持了较快的增长速度。从产业结构变化来看，第一产业比重逐渐下降，从 2014 年的 7.11%下降到 2023 年的 5.41%；第二产业比重在波动中有所下降，从 2014 年的 48.68%下降到 2023 年的 43.52%；第三产业比重逐年上升，从 2014 年的 44.21%上升到 2023 年的 51.07%，显示出服务业的快速发展。

内蒙古自治区 GDP 在黄河流域 9 省（区）中位居第 6 位。内蒙古自治区的 GDP 从 2014 年的 12 158.2 亿元增长到 2023 年的 24 627.0 亿元，年均增长率为 8.11%。从产业结构变化来看，第一产业比重有所波动，但总体呈下降趋势，从 2014 年的 7.78%下降到 2023 年的 7.11%；第二产业比重在波动中有所下降，从 2014 年的 42.57%下降到 2023 年的 38.57%；第三产业比重逐年上升，从 2014 年的 49.65%上升到 2023 年的 54.32%，显示出服务业的快速发展。

甘肃省GDP在黄河流域9省（区）中位居第7位。甘肃省的GDP从2014年的6 518.4亿元增长到2023年的11 863.8亿元，年均增长率为7.09%。从产业结构变化来看，第一产业比重有所波动，但总体呈上升趋势，从2014年的11.05%上升到2023年的13.83%；第二产业比重在波动中有所下降，从2014年的41.22%下降到2023年的37.85%；第三产业比重基本稳定，略有波动，从2014年的47.73%上升到2023年的48.32%，显示出服务业的稳步发展。

宁夏回族自治区GDP在黄河流域9省（区）中位居第8位。宁夏回族自治区的GDP从2014年的2 473.9亿元增长到2023年的5 315.0亿元，年均增长率为8.67%。从产业结构变化来看，第一产业比重逐渐下降，从2014年的10.34%下降到2023年的7.53%；第二产业比重在波动中有所下降，从2014年的41.38%下降到2023年的37.91%；第三产业比重逐年上升，从2014年的48.28%上升到2023年的54.56%，显示出服务业的快速发展。

青海省GDP在黄河流域9省（区）中位居末位。青海省的GDP从2014年的1 847.7亿元增长到2023年的3 799.1亿元，年均增长率为8.33%。尽管2020年GDP增长较慢，但总体上保持了稳定增长。从产业结构变化来看，第一产业比重有所波动，但总体呈上升趋势，从2014年的9.73%上升到2023年的10.19%；第二产业比重在波动中有所下降，从 2014 年的 49.58%下降到 2023 年的 42.46%；第三产业比重逐年上升，从 2014 年的 40.69%上升到 2023 年的 47.35%，显示出服务业的快速发展。

4.1.2　夜间灯光数据

夜间灯光数据是一种通过卫星遥感技术获取的地球表面夜间光辐射强度的数据。夜间灯光亮度与经济增长、人口密度、城镇化、能源消费等人类生产、生活活动高度相关，因而能较好体现“发展”这一概念。此外，夜间灯光数据具有客观性，可以克服传统统计数据易受统计口径和人为因素干扰的不足，在置信度方面有一定优势（王家庭和王浩然，2024）。因此，此处使用省份年平均夜间灯光亮度来衡量区域协调发展水平。

如图 4-2 所示，黄河流域 9 个省（区）的夜间灯光亮度呈波动增长趋势，2020 年受疫情影响短暂下降，但 2021 年迅速恢复，之后继续保持增长的良好态势。山东省和河南省位列前两位，2022 年夜间灯光亮度均值分别为 21.99 和 16.04，显示出这两个省份在经济活跃度和城市化进程方面的领先地位。与地区生产总值的排名不同，山西省在夜间灯光亮度中排名第 3，2022 年夜间灯光亮度均值为 10.57，可能与其在煤炭等资源型传统产业上的集中发展以及近年来的城市化进程加快推进有关。2022 年宁夏回族自治区夜间灯光亮度均值为8.80，居第4位，陕西省为7.30，居第5位，而四川省则排名第6，尽管其地区生产总值排名较高，但在夜间经济和城市照明方面的表现相对较弱。2022年甘肃省夜间灯光亮度均值为2.79，居第7位，内蒙古自治区夜间灯光亮度均值为2.22，居第8位，青海省夜间灯光亮度均值为0.62，居第9位。此外，黄河流域排名较为靠后的各省（区）夜间灯光亮度均值的增长率普遍较为缓慢，反映出这些地区在经济发展、投资、人口流动和产业结构等方面相对较弱。

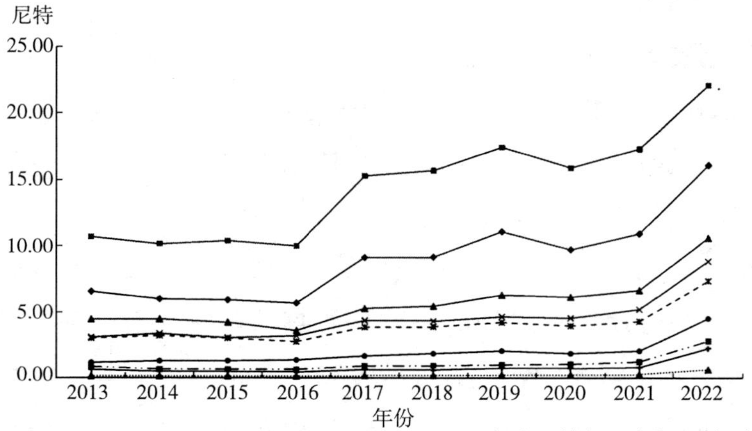

图4-2　2013—2022年黄河流域9省（区）夜间灯光亮度均值

数据来源：据国泰安（CSMAR）数据库和马克数据网整理。

4.1.3　人均公共图书馆藏书量

衡量区域协调发展水平，公共文化服务的投入和发展程度是重要指标。考虑到人均公共图书馆藏书量是衡量一个国家或地区文化发展水平、教育资源可获得性、政府投入与政策支持、经济发展水平以及社会公平与包容性的重要指标。较高的藏书量不仅意味着丰富的文化资源可供公众利用，还反映出政府对教育和文化事业的重视和支持，可以促进社会整体的文化素养和知识水平的提升。因此，此处使用人均公共图书馆藏书量来衡量区域协调发展水平。

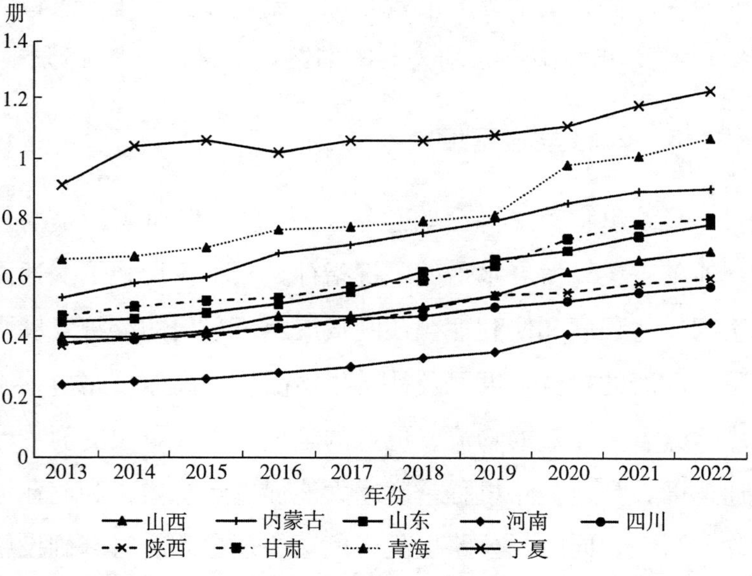

图 4－3　2013—2022 年黄河流域 9 省（区）人均公共图书馆藏书量

数据来源：各省（区）统计年鉴整理。

如图 4－3 所示，与经济发展水平不同的是，人口较为稀少的宁夏回族自治区、青海省和内蒙古自治区排名位于黄河流域前 3 位，2022 年人均公共图书馆藏书量分别为

1.23 册、1.07 册和 0.90 册。这些地区可能更注重提升公共文化设施的建设，尽管经济发展相对较为缓慢，但依然能够为当地居民提供丰富的文化资源。甘肃省和山东省分列第 4、5 位，2022 年人均公共图书馆藏书量分别为 0.80 册、0.78 册。2022 年山西省人均公共图书馆藏书量为 0.69 册，位居第 6 位。陕西省和四川省分列第 7、8 位，2022 年人均公共图书馆藏书量分别为 0.60 册、0.57 册。河南人均公共图书馆藏书量在黄河流域最低，作为人口大省，2022 年河南省人均公共图书馆藏书量仅有 0.45 册。

4.1.4 公路里程密度

公路里程密度＝公路总里程/行政区划面积，是衡量交通基础设施发展水平的关键指标，它不仅反映了交通网络的发达程度和便利性，还间接展示了当地的经济发展水平、政府的投资力度以及社会生活品质。高速公路里程密度意味着更高效的物流、更低的运输成本和更快的商品流通速度，高速公路里程密度增大能促进经济增长和商业活动的活跃。同时，公路里程密度还体现了政府对基础设施建设的重视和支持，高速公路里程密度增大有助于提升居民的生活质量和幸福感，可以有效推动经济社会的全面发展。因此，此处使用公路里程密度来衡量区域协调发展水平。

如图 4－4 所示，山东省、河南省、山西省位居黄河

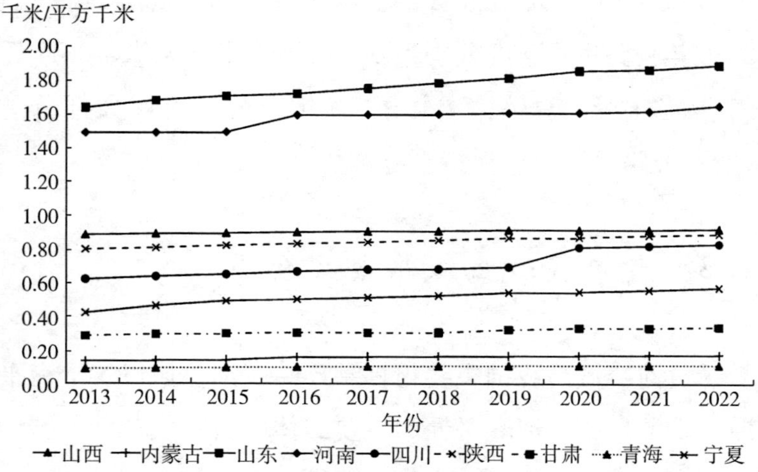

图 4－4　2013—2022 年黄河流域 9 省（区）公路里程密度

数据来源：各省（区）统计年鉴整理。

流域前 3 位，2022 年公路里程密度分别为 1.90 千米/平方千米、1.66 千米/平方千米、0.93 千米/平方千米。山东省作为经济发达省份，在交通基础设施建设上投入较多，公路网络发达，覆盖范围广。河南省是一个交通枢纽省份，其公路密度高，物流和人员流动速度快。虽然山西省的经济发展相对上述两省稍显滞后，但由于其地形特征和资源型经济基础，公路网络的重要性突出，密度也相应较高。2022 年陕西省和四川省公路里程密度分别为 0.90 千米/平方千米和 0.84 千米/平方千米，分列黄河流域第 4、5 位。2022 年宁夏回族自治区和甘肃省公路里程密度分别为 0.58 千米/平方千米、0.35 千米/平方千米，分列黄河流域第 6、7 位。内蒙古自治区和青海省分列第 8、9 位，2022 年公路里程密度分别为 0.18 千米/平方千米、0.12 千米/平方千米。总体来看，近 10 年，黄河流域大部分省（区）公路里程密度保持平稳态势。

4.2 黄河流域区域粮食安全现状

黄河流域是我国重要粮食基地。黄河流域以黄淮海平原、汾渭平原、河套平原为主要载体的粮食主产区，特别是河南、山东、四川、内蒙古，均为我国粮食主产省，在确保国家粮食安全中责任重大。粮食产量反映了一个地区农业生产的能力和效率，对粮食安全、经济发展和社会稳定具有重要意义。本部分对黄河流域 9 省（区）的粮食总产量、粮食单产现状等进行描述和分析。

4.2.1 粮食总产量

粮食总产量是衡量一个国家或地区农业发展水平的重要指标。高粮食产量不仅反映了先进的农业技术和高效的资源利用水平，还体现了政府政策的支持和粮农的劳作程度，与农村经济的发展和社会的稳定息息相关。如图 4-5 所示，黄河流域 9 省（区）的粮食总产量大多保持平稳态势。具体来看，河南省的粮食总产量居黄河流域的第 1 位，连续十年稳定在 6 000 万吨以上，2022 年粮食产量为

6 789.37 万吨。山东省排名第 2 位，2022 年粮食产量为 5 543.78万吨。内蒙古自治区和四川省分列第 3、4 位，2022 年粮食产量分别为 3 900.6 万吨和 3 510.5 万吨。山西省、陕西省、甘肃省分列第 5、6、7 位，粮食产量连续十年稳定在 1 000 万吨以上，2022 年粮食产量分别为 1 464.25万吨、1 297.89 万吨和 1 264.99 万吨。宁夏回族自治区和青海省粮食产量较低，2022 年粮食产量分别为 375.83 万吨、107.27 万吨，分列黄河流域第 8、9 位。总体来看，黄河流域大部分省份粮食产量保持平稳增长态势，但是宁夏回族自治区、青海省等增长缓慢，甚至有所回落。

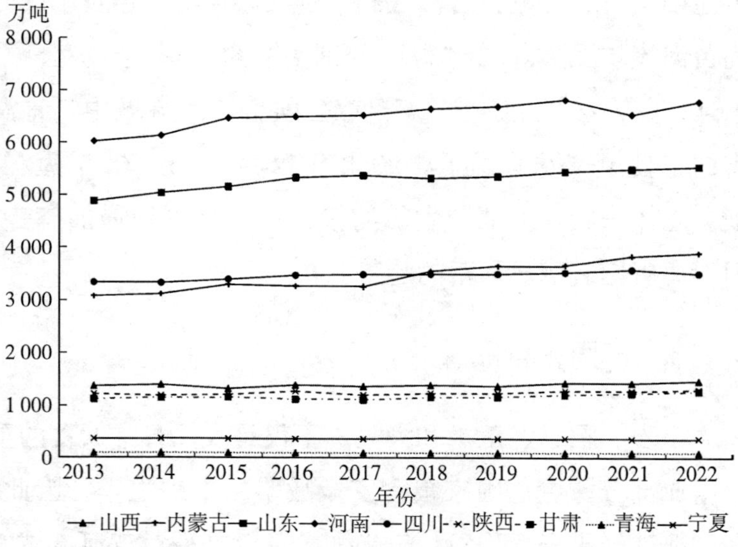

图 4－5　2013—2022 年黄河流域 9 省（区）粮食总产量

数据来源：国家统计局。

4.2.2 粮食单产

粮食单产是指在一定的耕地面积内所生产的粮食数量，能反映出粮食生产的效率和农业生产率的水平。如图 4-6所示，各省（区）的排名情况与粮食总产量指标略有不同。山东省的粮食单产位居黄河流域第 1 位，2022 年为 6 596 千克/公顷，河南省紧随其后，为 6 299.08 千克/公顷。四川省、内蒙古自治区和宁夏回族自治区分列第 3、4、5 位，分别为 5 731.68 千克/公顷、5 611 千克/公顷和 5 429 千克/公顷。上述 5 个省（区）的粮食单产近年来均保持在 5 000 千克/公顷以上，表现出较高的粮食单产水平。四川省、内蒙古自治区和宁夏回族自治区粮食单产分列黄河流域第 6、7、8 位，分别为 4 685.67 千克/公顷、4 648 千克/公顷和 4 301 千克/公顷。黄河流域中，青海省的粮食单产水平最低，2022 年仅为 3 534.78 千克/公顷。总体来看，大部分省份的粮食单产呈平稳增加态势，但青海省则有明显回落的趋势。

4.2.3 不同粮食品种

小麦、稻谷、玉米和大豆，不仅是人民日常饮食的重要组成部分，更是国家粮食安全战略的重中之重。因此，此处还选择小麦、稻谷、玉米和大豆等品种对黄河流域的粮食生产情况进行描述和分析。

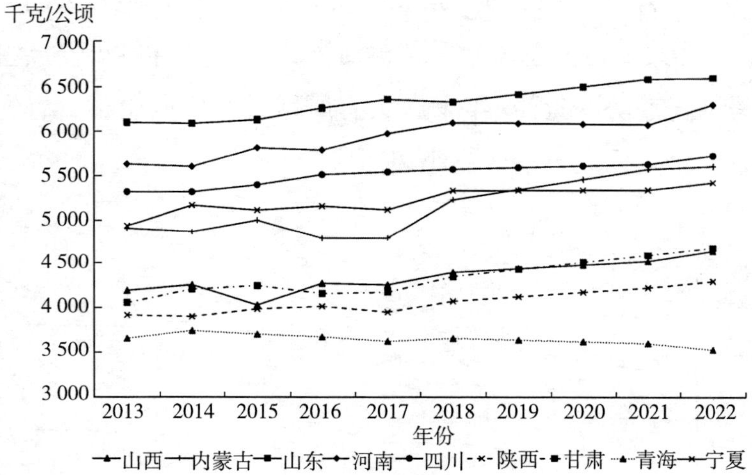

图 4－6　2013—2022 年黄河流域 9 省（区）粮食单产

数据来源：国家统计局。

小麦：黄河流域 9 省（区）均种植小麦，其中河南省的产量最高，如图 4－7 所示，近 10 年来均保持在 3 000 万吨以上，2022 年小麦产量达 3 812.71 万吨。山东省小麦产量居黄河流域第 2 位，2022 年产量为 2 641.19 万吨。除上述两省小麦产量较高之外，其他 7 个省（区）的小麦产量比较接近，均在 500 万吨以下。其中，陕西省 2022 年小麦产量为 429.78 万吨，居黄河流域第 3 位；甘肃省 2022 年小麦产量为 296.87 万吨，居第 4 位；四川省 2022 年小麦产量为 249.7 万吨，居第 5 位；山西省 2022 年小麦产量为 245.2 万吨，居第 6 位；内蒙古自治区 2022 年小麦产量为 126.4 万吨，居第 7 位。青海省和宁夏回族自治区

2022 年小麦产量分别为 36.91 万吨，27.27 万吨，分列第 8 位和第 9 位。总体来看，黄河流域大部分省份小麦产量呈平稳态势，近 10 年来产量有所增长。但四川省、青海省、宁夏回族自治区有小幅回落。

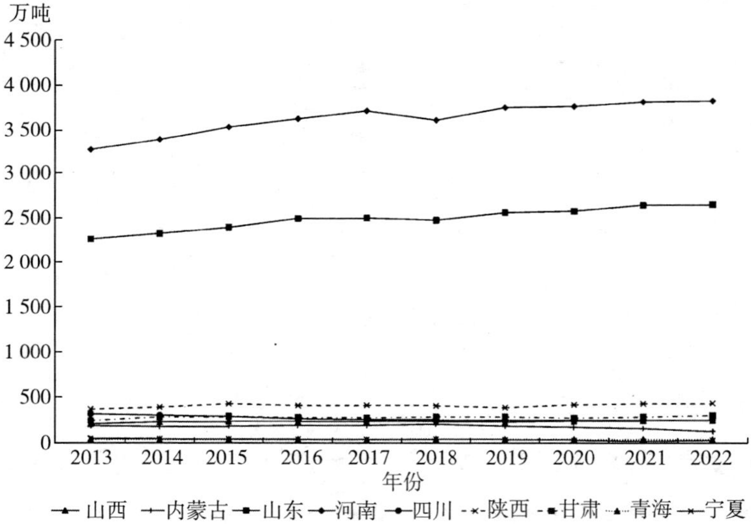

图 4－7　2013—2022 年黄河流域 9 省（区）小麦产量

数据来源：国家统计局。

稻谷：除青海省外，黄河流域其余 8 个省（区）均种植稻谷。如图 4－8 所示，2022 年四川省稻谷产量为 1 462.3万吨，10 年来均保持在 1 400 万吨以上，是黄河流域主要种植稻谷的地区，约为黄河流域稻谷产量第 2 位河南省 2022 年产量（479.15 万吨）的 3 倍。其余 6 个省（区）的稻谷产量均在 100 万吨以下，山东省、内蒙古自治区、陕西省分列第 3、4、5 位，其 2022 年稻谷产量分别为 90.59 万吨、90.2 万吨和 73.33 万吨。宁夏回族自治区 2022 年稻谷产量为 23.66 万吨，位于黄河流域第 6 位。甘肃省和山西省的稻谷产量较低，2022 年稻谷产量仅为 1.50 万吨和 1.46 万吨，分列第 7、8 位。黄河流域并非水稻主产区，因此各个省（区）水稻产量均有小幅回落且相较于小麦、玉米，稻谷产量较少。

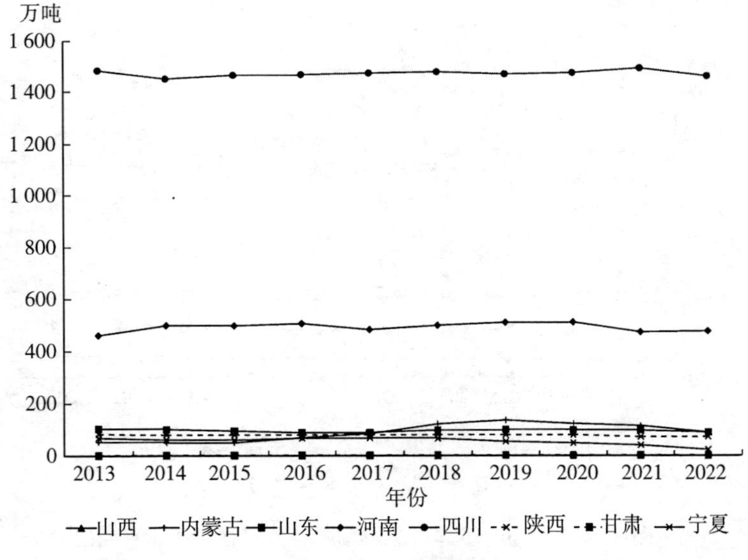

图 4 - 8　2013—2022 年黄河流域 8 省（区）稻谷产量

数据来源：国家统计局。

玉米：内蒙古自治区、山东省、河南省位于黄河流域玉米生产第一梯队，如图 4 - 9 所示，2022 年玉米产量分别为 3 098.4 万吨、2 630.44 万吨和 2 275.05 万吨。四川省和山西省分列黄河流域第 4 位和第 5 位，2022 年玉米产量分别为 1 046.2 万吨和 1 021.07 万吨。甘肃省和陕西省分列第 6 位和第 7 位，2022 年玉米产量分别为 1 046.2 万吨和 1 021.07 万吨。宁夏回族自治区和青海省的玉米产量较低，分别为 276.66 万吨和 14.83 万吨。总体来看，黄河流域排名较为靠前的内蒙古自治区、山东省、河南省玉米产量呈波动增长趋势，其他省份的增长率则较低。

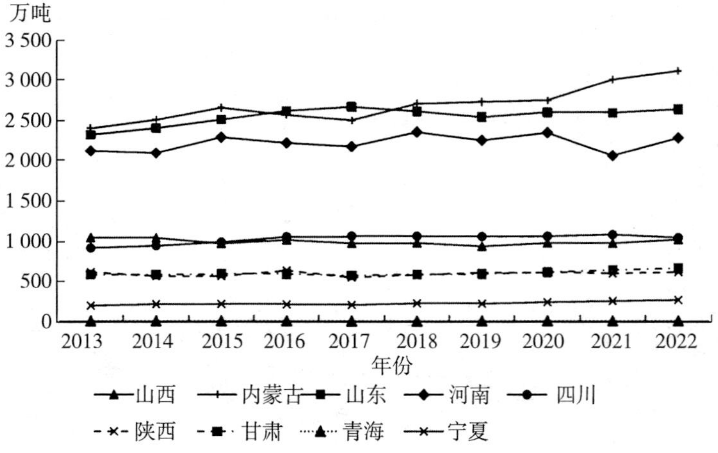

图 4-9　2013—2022 年黄河流域 9 省（区）玉米产量

数据来源：国家统计局。

大豆：除青海省外，黄河流域其余 8 个省（区）均种植大豆。其中，如图 4-10 所示，内蒙古自治区 2022 年大豆产量为 245.4 万吨，居黄河流域第 1 位。四川省、河南省、山东省 2022 年大豆产量分别为 145.4 万吨、84.85

万吨和58.10万吨，分列黄河流域第2、3、4位。其余省份的大豆产量均在50万吨以下。2022年陕西省、山西省、甘肃省、宁夏回族自治区的大豆产量分别为30.54万吨、18.91万吨、11.11万吨和3.42万吨，分列黄河流域第5～8位。相较于其他主粮，黄河流域各个省（区）的大豆产量较低，特别是产量靠前的省份波动较大。

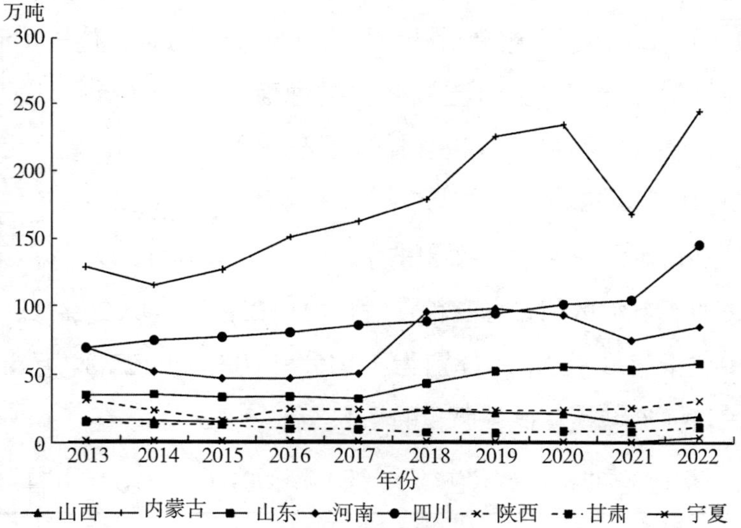

图4－10　2013—2022年黄河流域8省（区）大豆产量

数据来源：国家统计局。

4.2.4　粮食播种面积

粮食播种面积直接影响粮食生产能力。从粮食播种面积来看，如表4－2所示，2023年黄河流域粮食播种面积

63 683.45 万亩*，占全国耕地面积的 35.69%。分 9 省（区）看，河南省粮食播种面积达 16 177.90 万亩，位居全国第 2 位、黄河流域第 1 位，占黄河流域粮食播种面积的 25.40%；山东省粮食播种面积达 12 581.90 万亩，位居全国第 3 位、黄河流域第 2 位，占黄河流域粮食播种面积的 19.76%；内蒙古自治区粮食播种面积达 10 477.10 万亩，位居黄河流域第 3 位，占黄河流域粮食播种面积的 16.45%；四川省粮食播种面积为 9 606.00 万亩，位居黄河流域第 4 位，占黄河流域粮食播种面积的 15.08%；山西省、陕西省和甘肃省粮食播种面积分别为 4 741.50 万亩、4 534.50万亩和 4 066.35 万亩，位列黄河流域第 5～7 位，分别占黄河流域播种面积的 7.45%、7.12%和 6.39%；宁夏回族自治区和青海省粮食播种面积在黄河流域 9 省（区）中位于第 8～9 位，分别为 1 040.85 万亩和 457.35 万亩，占黄河流域粮食播种面积的 1.63%和 0.72%。

表 4－2　2023 年黄河流域 9 省（区）粮食播种面积及占全国比重

地区	粮食播种面积（万亩）	占黄河流域比重（%）	占全国比重（%）
青海	457.35	0.72	0.26
四川	9 606.00	15.08	5.38
甘肃	4 066.35	6.39	2.28
宁夏	1 040.85	1.63	0.58

* 亩为非法定计量单位，1 亩＝1/15 公顷，下同。

（续）

地区	粮食播种面积（万亩）	占黄河流域比重（%）	占全国比重（%）
内蒙古	10 477.10	16.45	5.87
陕西	4 534.50	7.12	2.54
山西	4 741.50	7.45	2.66
河南	16 177.90	25.40	9.07
山东	12 581.90	19.76	7.05
黄河流域	63 683.45	100.00	35.69
全国	178 453.00	—	100.00

数据来源：国家统计局。

第5章　黄河流域区域协调发展影响粮食生产存在的问题

尽管黄河流域区域协调发展和粮食安全发展势头良好，取得阶段性成效。但也应注意在此过程中，无论是促进区域发展，还是确保粮食安全中仍存在一些关键问题亟待解决，需要进一步探索。

5.1　生态环境承载能力弱

生态环境承载能力弱是黄河流域的最大问题。黄河流域因其地形、地貌、经纬度、气候等自然因素，导致其生态脆弱区在黄河上中下游均有分布且类型较多。黄河上游青海省的高原冰川、三江源，内蒙古自治区、青海省的草原草甸，横跨青海省、甘肃省的祁连山；中游陕西省、甘肃省和山西省的黄土高原；黄河下游山东省的黄河三角洲等，均极易出现生态退化问题，恢复难度极大且恢复极为缓慢。这也导致相对于长江、黑龙江等流域来说，黄河流域生态最为脆弱（金凤君，2019）。此外，由于黄河流域长期以来处于高强度开发的状态，农业面源污染、工业污染、城乡污染、矿区污染等环境问题积重较深。具体表现为黄土高原地区土壤结构疏松，水土流失严重；人口密集，工农业生产用水需求大导致的水资源短缺和地下水超采；工农业、生活排污导致的水体污染，水质总体劣于全国平均水平；气候原因导致的洪涝灾害等。上述问题既是黄河流域生态环境承载能力弱的实际体现，又导致对经济社会发展的支撑能力有限，对区域协调发展和粮食生产均造成不利影响。

5.2　各省（区）发展不平衡

黄河流域 9 省（区）发展不平衡问题表现较为突出，主要集中在经济发展不平衡、产业结构发展不平衡、人口分布不平衡 3 个方面。一是经济发展不平衡，在 9 省（区）中，地区 GDP 排名第 1 位的山东省 2023 年突破 9 万亿元大关，达到 9.21 万亿元；排在第 5 位的山西省 2023 年 GDP 为 2.57 万亿元；而排在第 9 位的青海省 2023 年 GDP 仅为 0.38 万亿元。黄河流域经济发展第1 位的山东省 GDP 是发展程度居中山西省的 3.58 倍，是末位青海省的 24.23 倍，差异极大。二是产业结构发展不平衡。黄河上游省（区）如青海省、宁夏回族自治区主要依赖资源型产业和农业，新兴产业和现代服务业发展相对滞后。中游地区如陕西省、河南省产业结构较为丰富，但部分省（区）如山西省仍较为依赖能源产业，产业结构转型缓慢。下游地区如山东省产业结构较为多元化，高新技术产业和服务业发展相对迅速。三是人口分布不平衡。下游地区的山东省人口密度最高，为 610.0 人/平方千米；中游地区的河南省人口密度为 580.0 人/平方千米；上游地区的青海省人口密度最低，仅为 7.8 人/平方千米。

5.3 高质量发展不充分

高质量发展不充分是黄河流域的最大短板。黄河流域 9 省（区）高质量发展不充分，面临压力较大，其中低质低效问题较为突出，主要表现在要素资源缺乏和产业升级缓慢两方面。一是要素资源缺乏。黄河流域因生态环境问题导致的水资源、土地资源缺乏，支撑高质量发展的资本、人力等要素资源也较为缺乏。黄河流域 9 省（区）多位于我国中西部地区，人才和资金显著外流至经济更为发达、资本回报率较高的东部沿海地区，导致对高质量发展的支持不足。二是产业升级缓慢。黄河流域过往已形成以能源、化工、金属等传统产业为主导的发展格局，产业转型升级难度大，打造新产业集群、建设新产业链的动力不足，新产业、新业态、新模式有待拓展，高新科技仍有短板，高素质劳动力缺乏，难以全面支撑黄河流域高质量发展。

5.4　粮食生产面临压力增大

黄河流域 9 省（区）农业基础较好，粮食产量占全国 35%左右，对于保障国家粮食安全具有重要作用。但黄河流域最大的矛盾是水资源短缺，最大的威胁是洪水，加之随着工业化、城镇化的快速推进，耕地资源有所减少，这些均与粮食生产密不可分，导致黄河流域粮食生产面临的压力增大。一是水资源短缺。黄河上中游大部分地区均位于 400 毫米等降水量线西侧，干旱少雨，多年平均降水量低于 446 毫米，多年平均水资源总量 647 亿立方米，分别仅为长江流域的 40%和 7%。此外，第二产业、第三产业的发展，一定程度上也挤占了农业用水空间。加上黄河流域农业用水效率偏低、旱作节水农业推广不足、农业面源污染导致水源难以灌溉等问题，均加剧了水资源短缺的现状。二是洪水灾害严重。黄河流域水沙关系不协调、下游泥沙淤积、河道摆动、“地上悬河”等问题仍存在威胁，加之极端天气频发，而黄河流域粮食主产区主要集中在黄淮海平原、汾渭平原和河套平原，在黄河流域中受洪水威胁较大。三是耕地数量减少。因工业化、城镇化的推进和退耕还林还草、湿地保护等生态工程项目的实施等原因，从 2014 年到 2023 年，黄河流域 9 省（区）的耕地面积总体呈下降趋势，从 1.79 亿亩减少至 1.73 亿亩，减少了约 600 万亩。此外，部分地区农业面源污染、工业污染、生活污染等问题，也将导致耕地质量下降，进而增加粮食生产的压力。

第 6 章　促进黄河流域区域协调发展和粮食生产的建议

在“十四五”步入中局，“十五五”开启谋划之际，从加强生态环境保护、减少各省（区）间发展不平衡、促进高质量发展和提高粮食安全保障能力等方面协同推进区域协调发展和粮食安全对于黄河流域高质量发展具有重要意义。

6.1　加强生态环境保护

“绿水青山就是金山银山”，推进黄河流域区域协调发展，确保粮食安全的前提是生态环境保护。一是健全黄河全流域一体化的生态环境治理体系，在上游进行水源涵养能力建设，在中游加强水土保持，在下游推进湿地保护和生态治理。二是联动三北防护林体系建设工程，改善黄河流域陕西省、山西省、甘肃省、宁夏回族自治区、内蒙古自治区、河南省的生态环境。三是加强采煤沉陷区综合治理，深入打好污染防治攻坚战，强化农业面源污染、大气污染、工业污染等综合治理。四是实施支持绿色低碳发展的财税、金融、投资、价格政策和标准体系，健全生态产品价值实现机制。通过探索在黄河流域建立健全生态环境保护者受益、经营者获利、使用者付费、破坏者赔偿的利益导向机制。

6.2 减少各省（区）间发展不平衡

黄河流域的资源禀赋各不相同，因而促进区域协调发展，减少各省（区）间发展不平衡，要紧密结合其特点。黄河上游的青海省、四川省、甘肃省、宁夏回族自治区和内蒙古自治区，水资源相对丰沛，但经济发展水平相对较低，应坚持生态保护与经济发展并重，发展特色农牧业，加强交通、信息基础设施建设，改善物流条件，促进黄河流域内外联系。黄河中游的陕西省和山西省，以黄土高原为主，煤炭、石油等资源丰富，但水土流失严重，应在生态环境保护的基础上，促进传统能源产业转型升级，发展特色农业、先进制造业和现代服务业等。黄河下游的河南省和山东省，地形以平原为主，虽自然灾害较多，但农业、工业基础较发达，人口和劳动力资源较为丰富，是我国粮食重要主产省且经济发展水平位于黄河流域第一梯队，应注重发展高效节水农业，推广优质高产品种，提高粮食产量和品质；发展新兴产业，注重提升经济质量。

6.3　促进高质量发展

高质量发展是解决黄河流域发展不平衡不充分问题和夯实粮食安全基础的关键。促进黄河流域高质量发展，应采取以下思路：一是促进黄河流域产业转型升级，打造现代化产业体系。黄河流域既要做好传统优势能源产业转型升级，更要培育壮大新兴支柱产业。一方面，延伸煤炭、石油、化工、冶金、建材和装备制造等传统优势产业的产业链；壮大轨道交通设施、航空航天等高端制造业；持续推进农业现代化和节水旱作农业发展，提高农业综合生产能力。另一方面，培育锂电、水性材料等新材料，风能、光能等新能源，智慧农业等新兴产业并注重三产融合发展。二是加强交通基础设施建设。黄河流域因水流不稳定、泥沙沉积、河床狭窄等因素，大部分航段不具备通航条件，推进铁路、公路、航空等基础交通设施建设，促进互联互通尤为重要。上游地区要加快补齐交通短板；中游地区注重枢纽通道建设，优化运输结构；下游地区注重提升省际陆运联运水平和以山东半岛为核心的空港群。三是发挥市场在资源配置中的决定性作用。一方面，在推进全国统一大市场建设的基础上，促进黄河流域 9 省（区）要素流通和高效配置；另一方面，正确处理政府与市场、黄河流域地方政府与中央政府的关系，优化营商环境，更好地发挥市场主体作用。

6.4 提高粮食安全保障能力

巩固加强黄河流域对保障国家粮食安全的重要作用，应从以下几个方面入手。一是加大黄河流域粮食生产节水力度。针对粮食生产灌溉用水效率较低等问题，推进节水灌溉、水肥一体化、适水种植技术，推广节水抗旱粮食品种种植，打造旱作农业、高效节水灌溉示范区。推进农业水价综合改革，建立健全粮食灌溉用水精准补贴和节水奖励机制。二是加强黄河流域耕地保护。耕地保护既要注重数量，也要注重质量。一方面，遏制黄河流域耕地减少的趋势，坚决制止耕地非农化、非粮化，确保粮食播种面积；另一方面，开展耕地田间整治和土壤有机培肥改良，实行耕地土壤环境质量分类管理，推进受污染耕地安全利用示范。三是强化黄河流域防灾减灾能力。增强对黄河流域水旱灾害等突发事件应急处理能力，加大灾害预警监测，加强农田水利和防灾减灾基础设施建设，推广科学减灾技术措施，减少因气象灾害或病虫草害造成的粮食损失。四是健全黄淮海平原、汾渭平原、河套平原等粮食主产区利益补偿机制。从纵向补偿方面，加大对主产区财政转移支付力度和对产粮大县的奖补力度；从横向补偿方面，探索主销区发挥资金、市场等方面的优势，拓宽粮食销售渠道，拓展并加强在产业、人才、技术服务等方面的交流。五是做强黄河流域粮食全产业链。结合黄河上中下游资源禀赋和自然条件，种植适宜的优质粮食品种，提高粮食作物的产量和品质。依托现有产业基础，打造一批粮食加工产业园区，促进上下游企业集群发展，形成规模效应。加强仓储、运输、配送等基础设施建设，提高粮食流通效率，降低物流成本。支持沿黄科研院所和高校围绕粮食全产业链开展关键技术研究，解决生产、加工、储存等环节的技术难题，培养专业人才。推进全链条协同发力，实现节粮减损。

参考文献

[1] Chen Y, Fan S, Liu C, et al. Is there a tradeoff between nature reserves and grain production in China? [J]. Land Use Policy, 2022 (120): 106285.

[2] Hao S, Wang G, Yang Y, et al. Promoting grain production through high-standard farmland construction: Evidence in China [J]. Journal of Integrative Agriculture, 2024, 23 (1): 324-335.

[3] 曹梦渊，李豫新．劳动力市场化何以促进区域协调发展——基于数量和价格的双重视角 [J]. 调研世界，2023 (10): 57-70.

[4] 畅倩，张聪颖，王林蔚，等．非农就业对黄河流域中上游地区农户种植结构的影响 [J]. 中国农村经济，2021 (11): 89-106.

[5] 陈帅，徐晋涛，张海鹏．气候变化对中国粮食生产的影响——基于县级面板数据的实证分析 [J]. 中国农村经济，2016 (5): 2-15.

[6] 陈志钢，詹悦，张玉梅，等．新冠肺炎疫情对全球食物安全的影响及对策 [J]. 中国农村经济，2020 (5): 2-12.

[7] 法玉琦，李静喜，韩霞．系统动力学视域下黄河流域生态保护与粮食生产高质量协同发展的内涵和机制：以河南段为例 [J]. 山西农经，2024 (16): 96-104.

[8] 方锦程，刘颖，高昊宇，等．公共数据开放能否促进区域协调发展？——来自政府数据平台上线的准自然实验 [J]. 管理世界，

2023，39（9）：124－142.

[9] 方兰，李军．粮食安全视角下黄河流域生态保护与高质量发展［J］. 中国环境管理，2019，11（5）：5－10.

[10] 郭爱君，朱瑜珂．黄河流域城市群推进区域协调发展的机制与路径研究——基于功能分工视角［J］. 甘肃社会科学，2024（1）：173－182.

[11] 郭爱君．共同富裕视域下黄河流域区域协调发展进路［J］. 国家治理，2024（16）：51－57.

[12] 韩冬，李光泗．中国与“一带一路”沿线国家粮食贸易格局演变与影响机制——基于社会网络学视角［J］. 农业经济问题，2020（8）：24－40.

[13] 韩晓，韩广富．全方位夯实粮食安全根基：评价、困境及任务［J］. 河南工业大学学报（社会科学版），2023，39（4）：68－75.

[14] 胡靖．中国粮食安全：公共品属性与长期调控重点［J］. 中国农村观察，2000（4）：24－30，80.

[15] 黄国勤．黄河流域粮食生产的成就、问题及高质量发展对策［J］. 中国农学通报，2023，39（17）：131－139.

[16] 黄少安，唐琦．农业大灾保险与粮食安全——基于农业大灾保险试点的准自然实验［J］. 农业技术经济，2024（4）：4－17.

[17] 姜珊，王建华，刘合，等．黄河上中游地区水—粮食—能源协同发展战略研究［J］. 中国工程科学，2023，25（4）：180－190.

[18] 蒋和平，尧珏，蒋黎．新时期我国粮食安全保障的发展思路与政策建议［J］. 经济学家，2020（1）：110－118.

[19] 金凤君．黄河流域生态保护与高质量发展的协调推进策略［J］. 改革，2019（11）：33－39.

[20] 李刚，康迪，郝铭，等．黄河流域水—能源—粮食关联系统协同安全时空特征及驱动因素［J］. 地理与地理信息科学，2024，40

(5)：84-91，142.

[21] 李梦程，王成新，刘海猛，等．黄河流域城市发展质量评价与空间联系网络特征 [J]. 经济地理，2021，41 (12)：84-93.

[22] 李贤，王浩阳，牛文浩，等．黄河流域耕地利用转型时空演变及其对粮食生产的影响 [J]. 中国农业大学学报，2024，29 (10)：85-96.

[23] 刘秉镰，边杨，周密，等．中国区域经济发展 70 年回顾及未来展望 [J]. 中国工业经济，2019 (9)：24-41.

[24] 张志强，席强敏．新时代中国区域经济理论与实践研究的新进展——首届中国区域经济学者论坛综述 [J]. 经济研究，2019，54 (4)：199-203.

[25] 刘华军，田震．新时代十年中国高质量发展之路——历程回顾、成效评估与路径展望 [J]. 经济学家，2023 (7)：25-35.

[26] 刘威，郑雪丽．生产者补贴政策对我国粮食安全的影响研究——基于玉米省级面板数据 [J]. 中国农业资源与区划，2024，45 (5)：64-73.

[27] 陆铭，向宽虎，李鹏飞，等．分工与协调：区域发展的新格局、新理论与新路径 [J]. 中国工业经济，2023 (8)：5-22.

[28] 郭芸，范柏乃，龙剑．我国区域高质量发展的实际测度与时空演变特征研究 [J]. 数量经济技术经济研究，2020，37 (10)：118-132.

[29] 牛玉国，张金鹏．构建黄河大水网促进黄河流域生态保护和高质量发展 [J]. 水利经济，2023，41 (2)：1-4，93.

[30] 庞英，段耀．黄河流域粮食主产区耕地利用集约度及政策指向——基于 23 个县 1 422 个农户成本数据的分析 [J]. 干旱区资源与环境，2012，26 (4)：5-10.

[31] 彭俊杰．黄河流域“水-能源-粮食”相互作用关系及其优化路径 [J]. 中州学刊，2021 (8)：48-54.

[32] 彭荣胜．基于区域协调发展的黄河流域经济空间开发 [J]．商业研究，2010 (2)：116-120.

[33] 任保平，邹起浩．黄河流域高质量发展的空间治理体系建设 [J]．西北大学学报 (哲学社会科学版)，2022，52 (1)：47-56.

[34] 司伟，陈哲．保障中国粮食安全的多元目标、现实困境与机制构建 [J]．中州学刊，2023 (10)：30-38.

[35] 苏婧，赵城，王必达．数据要素集聚能实现区域协调发展吗——论大国区域发展的“集聚”与“协调” [J]．财经科学，2022 (6)：62-77.

[36] 王娟娟．双循环视角下黄河流域的产业链高质量发展 [J]．甘肃社会科学，2021 (1)：49-56.

[37] 王晓君，何亚萍，蒋和平．“十四五”时期的我国粮食安全：形势、问题与对策 [J]．改革，2020 (9)：27-39.

[38] 魏后凯，叶兴庆，杜志雄，等．加快构建新发展格局，着力推动农业农村高质量发展——权威专家深度解读党的二十大精神 [J]．中国农村经济，2022 (12)：2-34.

[39] 姚石，刘盼，位贺杰．粮食安全视域下黄河流域农业生态经济耦合协调发展及驱动机制研究 [J]．中国农业资源与区划，2023，44 (8)：10-20.

[40] 杨义武，林万龙．省直管县财政改革促进县域粮食生产吗——基于准自然实验的证据 [J]．中国农村经济，2024 (6)：152-172，191-193.

[41] 于法稳，方兰．黄河流域生态保护和高质量发展的若干问题 [J]．中国软科学，2020 (6)：85-95.

[42] 赵英，王海霞，王毅，等．黄河流域农业水资源高效利用与优化配置研究 [J]．中国工程科学，2023，25 (4)：158-168.

[43] 郑栅洁．国务院关于确保国家粮食安全工作情况的报告——2023 年

8月28日在第十四届全国人民代表大会常务委员会第五次会议上［J］. 中国产经，2023（18）：12-19.

［44］钟钰，甘林针．资源约束下西北旱区保障粮食安全的路径研究［J］. 中州学刊，2022（8）：42-50.

［45］朱晶，臧星月，李天祥．新发展格局下中国粮食安全风险及其防范［J］. 中国农村经济，2021（9）：2-21.